LA
COLOMBIE

AU POINT DE VUE HISTORIQUE,
GÉOGRAPHIQUE, POLITIQUE ET COMMERCIAL

TRADUCTION

DE L'ÉDITION OFFICIELLE ESPAGNOLE

AUGMENTÉE

du Tarif Douanier Colombien

ET DE NOTES

SUR LE COMMERCE DE LA BELGIQUE AVEC LA COLOMBIE

PAR

HENRY JALHAY

BRUXELLES
IMPRIMERIE HENRI MOMMENS
RUE DE BEUGHEM, 10-12

1887

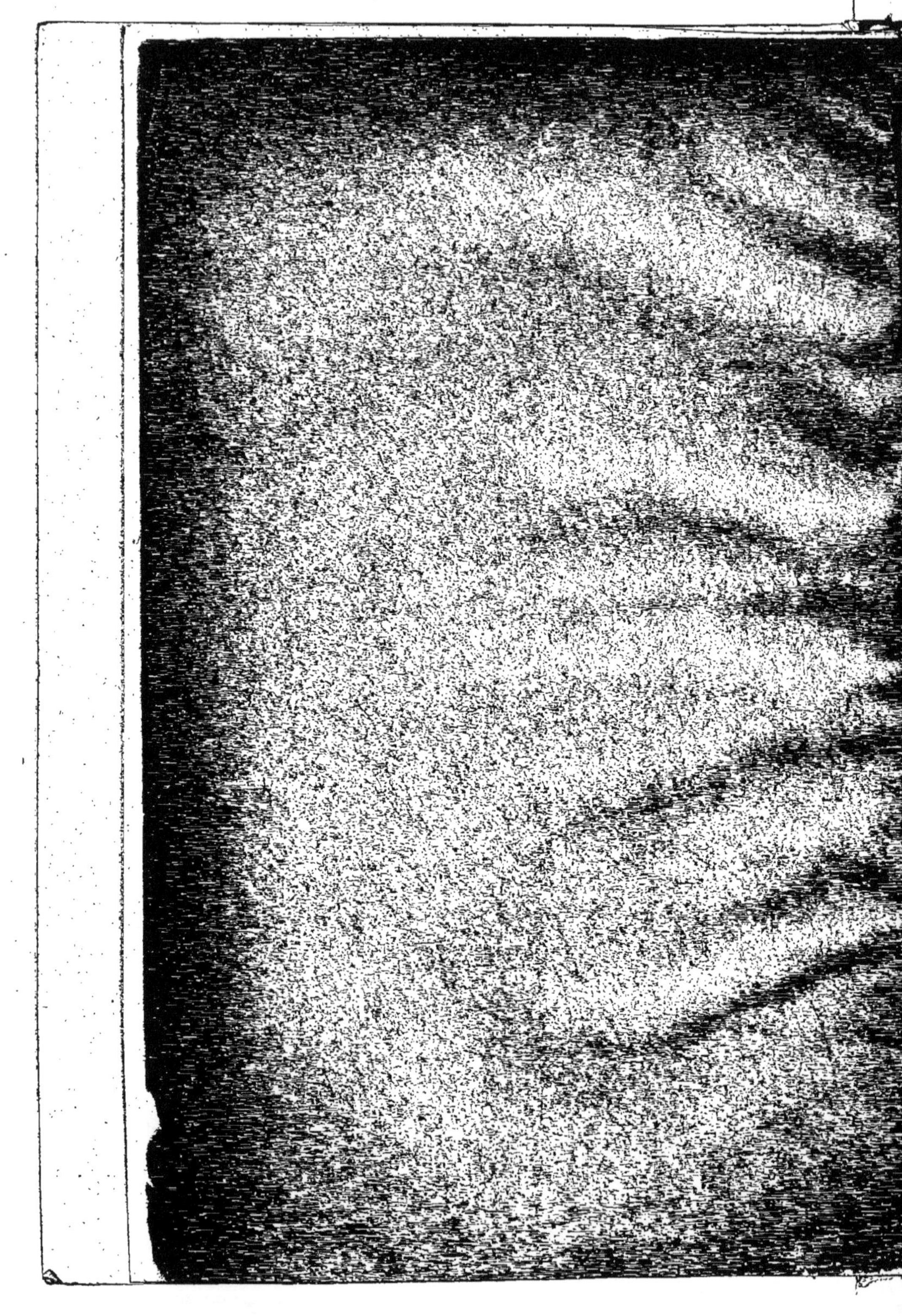

LA COLOMBIE

LA
COLOMBIE

AU POINT DE VUE HISTORIQUE,

GÉOGRAPHIQUE, POLITIQUE ET COMMERCIAL

TRADUCTION

DE L'ÉDITION OFFICIELLE ESPAGNOLE

AUGMENTÉE

du Tarif Douanier Colombien

ET DE NOTES

SUR LE COMMERCE DE LA BELGIQUE AVEC LA COLOMBIE

PAR

HENRY JALHAY

BRUXELLES
IMPRIMERIE HENRI MOMMENS
RUE DE BEUGHEM, 10-12

1887

(C.)

LA COLOMBIE

Cette république, connue autrefois généralement sous le nom de *Nouvelle Grenade*, est située dans l'Amérique du Sud, entre les 5º 8′ latitude sud et 12º 25′ latitude nord, et entre les 73º et 85º de longitude ouest du méridien de Paris.

Sa superficie est de 1,331,000 kilomètres carrés. Sa population est de quatre millions d'habitants, y compris, environ 260,000 indigènes qui habitent, divisés en tribus, dans des forêts éloignées.

La Colombie est bornée au nord par l'Océan Atlantique ; au nord-ouest par la république de Costa-Rica ; à l'ouest, par l'Océan Pacifique ; au sud, par les républiques de l'Equateur et du Pérou, et à l'est, par l'empire du Brésil et le Vénézuela.

Les côtes septentrionales de la Colombie furent reconnués pour la première fois par Bastida et Ojéda, en 1499, puis par Christophe Colomb, en 1502. Dans la suite, c'est-à-dire jusque vers le milieu du XVIᵉ siècle, d'autres Espagnols firent de nouvelles découvertes sur la côte occidentale et dans l'intérieur du pays. Parmi ces explorateurs brillent Balboa, qui découvrit le Pacifique, Quesada, Benalcazar et Federmann.

Le territoire était peuplé par différentes familles
d'aborigènes, formant presqu'autant de nations indé-
pendantes qu'il y avait de tribus et se distinguant, les
unes des autres, par une grande variété de langues.

Le soleil était l'objet de leur culte.

Leur gouvernement était despotique, bien que dans
quelques-unes de leurs lois on trouvât des principes
dignes des nations civilisées.

La science manque de données certaines pour le XVIᵉ
siècle, quant au chiffre de la population du territoire, qui
s'appelle aujourd'hui Colombie; mais il est certain qu'à
l'époque de la découverte, il y avait dans toute l'Amérique
plusieurs millions d'habitants, dont personne n'a pu
déterminer encore avec exactitude l'origine ethnogra-
phique.

Après l'exploration du pays, la volonté et le caprice
seuls guidèrent les conquérants dans leurs établissements; mais bientôt après, l'ordre et l'administration
succédèrent au chaos. Le pays qui prit le nom de Nouveau royaume de Grenade devint alternativement une
présidence et une vice-royauté, sous la dépendance
immédiate de la couronne d'Espagne.

Les conquérants introduisirent dans le Nouveau
royaume de Grenade leur langue, leur religion et leur
législation, autant de choses que la postérité a conser-
vées.

La domination espagnole vécut jusqu'au 20 juillet 1810,
époque où la colonie résolut de s'émanciper de la mère-
patrie. Il en résulta une guerre contre l'Espagne, qui
dura plusieurs années et qui après de sanglantes batailles
se termina, le 7 août 1819, par la journée de Boyaca,

qui affranchit définitivement la Nouvelle Grenade de l'Espagne.

Simon Bolivar, citoyen du Vénézuela, fut le principal chef des Américains dans cette lutte grandiose.

La guerre étant terminée dans la Nouvelle Grenade, Bolivar, dans le but de fonder une nation puissante, conçut l'idée — qu'exécuta le congrès de Angostura, — de réunir en un seul Etat, sous le nom de *République de Colombie*, les trois provinces du Vénézuela, du Nouveau royaume de Grenade et de l'Equateur (Constitution du 27 décembre 1819).

La nation avait donné à Bolivar le titre de *Libérateur*, que la postérité lui a conservé, et le Congrès l'élut président de la nouvelle république. Malheureusement, des rivalités, plus ou moins ardentes et fondées entre les trois peuples provoquèrent, au bout de onze ans, la dissolution de la grande République. Les provinces centrales (territoire de la Colombie actuelle) s'unirent en 1831 sous le nom de *République de la Nouvelle Grenade*.

Né d'hier, le peuple colombien n'a pu encore se donner des institutions durables, en rapport avec son caractère, ses mœurs et ses besoins; de sorte que le changement d'institutions et la transmission du pouvoir ont été fréquemment précédés de quelque agitation sociale et même d'effusion de sang.

Le pays est divisé en deux grands partis politiques : le parti libéral et le parti conservateur. Ces deux factions se disputent constamment le pouvoir : dans les journaux, aux époques d'accalmie politique ; sur les champs de bataille, aux époques agitées.

La division territoriale de la Colombie a varié, suivant

les différents gouvernements qui se sont succédés : le pays a d'abord été divisé en départements, ensuite en provinces, puis en Etats et, en dernier lieu, de nouveau en départements.

Abstraction faite des Constitutions antérieures à 1863, en vertu desquelles le pouvoir public est divisé en pouvoirs législatif, exécutif et judiciaire, il convient de mentionner, — ne fût-ce que rapidement, et en raison de ses importantes conséquences politiques et sociales, — celle qui, en 1863, promulgua la convention de Rionegro, et celle qui régit actuellement le pays; cette dernière fut sanctionnée le 5 août 1886 et décrétée par un Congrès qui, sous le nom de Conseil des délégués, se réunit à cet effet, après avoir mis fin à la révolution qui avait ruiné la Colombie de 1884 à 1885.

La première des deux Constitutions dont nous venons de parler avait établi un gouvernement général, centre de neuf circonscriptions politiques ou administratives (Antioquia, Bolivar, Boyacá, Cauca, Cundinamarca, Magdalena, Panamá, Santander et Tolima) auquel on avait donné, en y adjoignant quelques îles et territoires, le nom géographico-politique d'*Etats-Unis de Colombie*.

Cette disposition administrative, qui paraît calquée sur celle des Etats-Unis d'Amérique, ne tenait pas compte de la différence de race, de zone, de topographie, de religion, d'histoire et de tendances des deux peuples.

Dans la Constitution, on émit des principes de liberté qui peuvent s'appliquer à une nation civilisée, mais qui sont d'un caractère purement platonique lorsqu'ils s'adressent à une nation peu éclairée et qui ne compte

que quatre millions d'individus disséminés sur une superficie comme celle de la Colombie.

Après vingt ans d'expérience, ces institutions idéales
furent reconnues inefficaces et anarchiques ; il se pourrait que cet état de choses ne fût pas étranger aux
causes de la dernière révolution.

La Constitution de 1886 est assise sur des bases
diamétralement opposées : de fédératif qu'il était, d'une
façon exagérée, le gouvernement général devînt essentiellement unitaire et central, enlevant toute autorité
aux Etats qui, sous les mêmes noms déjà cités devinrent
neuf départements ; le pays reçut le nom de *République de
Colombie* et les anciens Etats perdirent ainsi l'autonomie
qui, depuis 1863, avait favorisé tant d'ambitions person-
nelles.

La Constitution de 1886 est donc, en ses restrictions,
la conséquence naturelle de la pléthore de liberté où
avait conduit la première Constitution. La Colombie est
devenue une république unitaire : il n'y a plus dans le
pays qu'une seule autorité suprême, au lieu de dix. Ainsi
ont disparu les soi-disant intérêts locaux, qui étaient
autrefois autant de prétextes pour les fauteurs de dé-
sordres. La législation s'est unifiée alors que, précédemment, chaque Etat avait un code particulier, dont il
appliquait les dispositions à un nombre restreint d'ad-
ministrés. La question religieuse (la nation est catholique),
qui soulevait des conflits entre les deux pouvoirs, a été
résolue. Le meilleur moyen d'exercer le droit de suffrage
a également fait l'objet de consciencieuses recherches :
son adoption a mis fin aux intrigues et aux ambitions
qu'encourageait l'ancien système électoral. En un

mot, l'utopie a complètement disparu des institutions.

Le pouvoir législatif est exercé par un Congrès composé de deux Chambres, une cour suprême, dont les membres sont inamovibles, et un président de la République, dont le mandat est de six ans; le président est assisté de sept ministres, d'un vice-président et d'un conseil d'Etat.

Tel est le rouage gouvernemental appelé à exercer son action sur tous les points du pays. Celui-ci, partagé en départements, est subdivisé en provinces et celles-ci en districts municipaux. Chaque département est administré par une assemblée départementale qui, de même que le Congrès National, se réunit tous les deux ans. Chaque district a son conseil municipal. Il y a un gouverneur dans chaque département et un alcade dans chaque district.

Dans le but de faciliter la prompte administration de la justice, le pays se divise en districts judiciaires; il y a un Tribunal supérieur dans chacun d'eux et des juges de district dans chaque localité.

Quant au pouvoir ecclésiastique, il y a dans la République un archevêque, qui habite la capitale et sept évêques suffragants. Les ordres religieux sont abolis depuis 1863.

Durant les onze années d'existence (1819-1830) de la Grande République de Colombie, Simon Bolivar, le Libérateur, et le général Francisco de P. Santander exercèrent alternativement le pouvoir exécutif, en qualité de président et de vice-président respectivement.

Nous donnons ci-après la liste des citoyens qui, après la dissolution de la Grande République et sa reconstitution sous le nom de Nouvelle Grenade, ont exercé le mandat de président de la République :

1830 Joaquin Mosquera.
1831 Domingo Caicedo.
1831 José Maria Obando.
1832 José Ignacio Márquez.
1832-1837 Francisco de P. Santander.
1837-1841 José Ignacio Márquez.
1841-1845 Pedro A. Herrán.
1845-1849 Tomas C. de Mosquera.
1849-1853 José Hilario López.
1853-1854 José Maria Obando.
1854-1855 José de Obaldia.
1855-1857 Manuel M. Mallarino.
1857-1861 Mariano Ospina.
1861-1863 Tomás C. de Mosquera.
1864-1866 Manuel Murillo.
1866-1867 Tomás C. de Mosquera.
1867-1868 Santos Acosta.

1868
1870 } Santos Gutiérrez.

1870
1872 } Eustorgio Salgar.

1872
1874 } Manuel Murillo.

1874
1876 } Santiago Pérez.

1876
1878 } Aquileo Parra.

1878
1880 } Julián Trujillo.

1880
1882 } Rafaël Nuñez.

1882 Francisco J. Zaldúa.

1883
1884 } José Euṣébio Oṭalora.

1884 Ezequiel Hurtado.

1884
1886 } Rafaël Nuñez.

1886 } à titre temporaire, en sa qualité de deuxième Vice-Président, José Maria Campo Serrano.

1887 } à titre temporaire, en sa qualité de premier Vice-Président de la République, Eliseo Payán.

Le 4 juin 1887, le docteur Rafael Nuñez prit possession du siège présidentiel, réélu pour six ans, laps de temps qui, conformément à la dernière Constitution, a remplacé celui de deux ans, fixé par la Constitution de 1863 et reconnu trop court et comme présentant trop d'inconvénients. Cet homme d'Etat, chef aujourd'hui d'un parti politique très puissant, prouve, à l'exemple de Disraeli et de lord Beaconsfield, que les qualités d'homme politique n'ont rien d'incompatible avec celles du poète. Le docteur Nuñez est connu pour être un des poètes colombiens du génie le plus élevé et un des hommes politiques les plus remarquables qui aient gouverné le pays depuis Santander. On ne peut dire du président Nuñez qu'il soit un soldat heureux, comme on a l'a dit, avec raison, de la plupart des hommes qui, comme lui, ont introduit dans l'Amérique espagnole des modifications politico-sociales.

Le docteur Nuñez représente l'élément essentiellement civil; c'est un philosophe d'une courtoisie extrême, d'une bonté rare et d'une grande énergie dans l'exécution de ses projets.

Le pays dont nous venons d'esquisser l'histoire politique présente, dans son aspect général, des paysages splendides autant que variés, étant données les grandes inégalités du sol : ici, s'offrent à la vue, des montagnes élevées, là, des vallées profondes et étendues ; plus loin, de vastes plaines : ce qui explique que l'habitant de la Colombie jouit, sous les tropiques, de toutes les températures imaginables ; en effet, comme le dit Caldas, en parlant des climats de cette région, il suffit de descendre de douze à quatorze lieues, pour passer des neiges éternelles aux chaleurs du Sénégal.

Les forêts de la Colombie abondent en bois de construction, de teinture et d'ébénisterie, de même qu'en plantes aromatiques et résineuses employées dans l'industrie et dans la médecine.

Dans le règne animal, il y a des bêtes fauves et autres quadrupèdes, des oiseaux de plumages variés et brillants, des reptiles et des insectes vénimeux, qui, parfois, rendent la vie insupportable sur les bords des grands fleuves.

Le règne minéral offre à l'industrie de riches mines d'or, d'argent, de fer, de cuivre, de plomb, d'émeraudes, d'améthystes, de rubis, de marbre, de porphyre, de jaspe, de jais, de sel, de houille, de soufre, de chaux, de plâtre et d'autres produits. Sur les côtes, on trouve des perles et des coraux.

La Colombie n'a rien à envier aux pays de l'Europe sous le rapport des eaux minérales et thermales; elle possède des eaux de ce genre en quantité et des plus salutaires.

Quant aux richesses minérales de la République, qu'il nous suffise de transcrire ici quelques renseignements, empruntés à une circulaire du ministre des affaires étrangères, et relatifs aux mines d'or et d'argent du pays:

« La production totale de la Colombie en métaux
» précieux, depuis l'époque de la conquête (XVIe siècle)
» jusqu'à nos jours, peut être estimée à 3,265,000,000
» francs.

» Si l'on divise le pays en deux grandes zones, coupées
» par le Rio Magdalena, la production de la partie occi-
» dentale du fleuve serait de 3 milliards 165 millions de
» francs et celle de la partie orientale de 100 millions de
» francs.

» La production totale peut être répartie comme suit,
» entre les neuf départements :

» Cauca . . . . fr.   1,260,000,000
» Antioquia   1,250,000,000
» Panama   370,000,000
» Tolima   260,000,000
» Santander   75,000,000
» Bolivar   32,500,000
» Cundinamarca   15,000,000
» Boyaca et Magdalena.   2,500,000

» Suivant les époques, la production de l'or a été : —

» Au XVIe siècle . . . . . . fr.   255,000,000
» » XVIIe »   830,000,000
» » XVIIIe »   965,000,000
» » XIXe » (jusque 1884). .   1,055,000,000

» Quant à la production de l'argent, elle a été :

» Au XVIe siècle . . . . . . fr.   32,500,000
» » XVIIe »   45,000,000
» » XVIIIe »   7,500,000
» » XIXe » (jusque 1884) . .   75,000,000

» La production de l'or et de l'argent augmente
» aujourd'hui d'année en année ; elle était, pour le pre-
» mier de ces métaux, au commencement de ce siècle,
» de 15,500,000 francs, par an ; ce chiffre, après être
» tombé dans la suite, pour diverses causes politiques, à
» 10 millions de francs a atteint, ces dernières années,
» 14,775,000 francs.

» Presque partout, et à des altitudes différentes, on
» rencontre des alluvions aurifères, mais plus particu-
» lièrement dans les vallées, en suivant la direction des
» fleuves. Généralement, les mines d'or et d'argent se
» trouvent dans les montagnes, dans des sites salubres,
» où la température est modérée et même froide. On

» peut d'ailleurs affirmer que la plupart des régions
» métallifères jouissent d'un climat salubre et que la vie
» animale n'y est pas cher.

» Un détail qui a son importance, c'est qu'il n'y a pas
» de saisons en Colombie : partout règne un printemps
» éternel divisé en périodes de sécheresse et de pluies.

» Les étrangers peuvent y acquérir des mines aux
» mêmes conditions que les nationaux. »

La Cordillère des Andes, qui part du détroit de Magellan et finit au détroit de Behring, en suivant une direction généralement parallèle à l'Océan Pacifique, détache en Colombie trois grands rameaux : la Cordillère occidentale, la Cordillère centrale et la Cordillère orientale; ce système hydrographique se divise en autant d'autres bassins à l'est, à l'ouest et dans le centre du pays.

Au bassin occidental, appartiennent les fleuves suivants : le Mira, le Patia, le Dagua, le San Juan, et l'Atrato. Dans la Cordillère centrale, qui peut se diviser en versant de droite et versant de gauche, prennent leur source les rivières qui alimentent le Rio Cauca et qui forment la riche et pittoresque vallée de ce nom. Dans le versant de droite, naissent les cours d'eau qui se jettent dans le Rio Magdalena, la principale artère du commerce intérieur du pays.

Le bassin oriental est très grand.

Là prennent leur source de nombreux affluents du fleuve des Amazones et de l'Orénoque, tels que le Napo, le Putumayo, le Caqueta, le Rio Negro, le Meta et le Guaviare. La navigation du Meta, déjà un peu exploitée, est appelée à être, à une époque plus ou moins éloignée, d'une importance capitale pour le commerce colombien, dans ses transactions avec la région orientale et avec la République voisine du Vénézuela.

Malgré ses grandes richesses naturelles, la Colombie manque de voies de communication rapides et faciles: les grand'routes, dans la véritable acception du mot, y sont peu nombreuses; les chemins de fer y sont à peine introduits, si l'on en excepte la ligne du Panama, entreprise par l'Amérique du Nord et qui, traversant l'isthme du même nom, met en communication l'Océan Atlantique avec l'Océan Pacifique. (1) La ligne de Bolivar, construite par une compagnie allemande, s'étend de Barranquilla, limite de la navigation du Bas-Magdalena, à Salgar, dans la baie de Sabanilla. Enfin, la ligne de Cucuta, qui est la seule construite à l'aide de capitaux colombiens, va de la dite ville vers le Zulia. Aucune de ces lignes n'a plus de 5o milles de longueur. Les autres lignes de chemin de fer en construction sont : celle de Buenaventura dans le département du Cauca; celle de Puerto-Berrio, dans le département d'Antioquia; celle de Girardot, Cundinamarca et de la Sabana, dans le département de Cundinamarca; celle de la Dorada, dans le Tolima et celle de Puerto Wilches dans le département de Santandér.

Depuis plus de trente ans, le chemin de fer de Panama

---

(1) Il a été établi en 1854. La distance entre les deux océans est d'environ 75 kilomètres.

Les républiques du Sud Pacifique, de l'Amérique centrale, le Mexique occidental, la Californie, la Chine et le Japon expédient une grande partie de leurs produits d'exportation par le chemin de fer du Panama, qui a transporté en 1882, 168,645 tonnes de marchandises.

rend au commerce du monde entier des services précieux; mais son importance sans rivale diminuera le jour où le canal à travers l'isthme, aujourd'hui en construction, donnera passage au premier navire.

La Colombie, baignée à l'ouest par l'Océan Pacifique et au nord par l'Océan Atlantique, présente, le long des côtes, diverses baies et golfes, où des ports de mer pourraient être établis avantageusement. Les ports existant aujourd'hui et servant au commerce extérieur et des côtes sont les suivants : sur le littoral de l'Atlantique, en allant de l'est à l'ouest : Riohacha, Santa Marta, Sabanilla, Cartagena, Zapote et Colon, tête de ligne, sur l'Océan Atlantique, du chemin de fer de Panama déjà cité, ce qui explique le rôle important qu'il joue dans le commerce du monde ; sur l'Océan Pacifique, en allant du nord au sud, nous trouvons Panama, queue de la ligne de ce nom, Buenaventura et Tumaco.

De Cartagèna à Calamar, sur le Magdalena, il existe un canal de plusieurs milles de longueur, appelé le *Dique*, parcouru par un service de vapeurs qui dessert également le Bas-Magdalena.

L'importance commerciale du port de Cartagena grandira avec celle de cette voie de navigation, qui fait disparaître les obstacles que la nature oppose à la navigation, à certaines époques de l'année.

Comme ports intérieurs, on ne peut oublier de mentionner Barranquilla (1) et Honda, limites de la navigation

---

(1) En 1885, il a été exporté par le port de Barranquilla, pour une valeur de 7 millions de francs de marchandises, qui sé

du Bas-Magdalena; le port de Neiva, sur le Haut-Magdalena; le port de los Cachos sur le Zulia, dans le département de Santander, port d'un intérêt considérable pour le commerce extérieur du nord de la République; enfin, le port de Cafifi, sur le Meta, dont l'importance grandira en raison du développement que prendra la navigation de ce fleuve.

Excepté à Colon et à Panama, la Colombie a des douanes dans ses ports de mer; également à San José de Cucuta, vers les frontières du Vénézuela. Le bureau le plus important est celui de Barranquilla, qui est l'entrepôt des produits étrangers embarqués sur les steamers sillonnant le Magdalena.

Pour ce qui concerne la navigation, les statistiques indiquent, comme desservant la partie inférieure de ce fleuve, vingt-trois steamers, appartenant à différentes compagnies et qui, en 1881, transportèrent près de 500,000 ballots et 4,329 passagers. Ces steamers font ensemble près de trois cents voyages par an. Aux différentes escales, ils déposent et prennent des marchandises des nombreux départements arrosés par le Magdalena.

La navigation du Lebrija, par steamers, commence à

décomposent comme suit :

Peaux de bœuf et de chevreuil . . . . fr.	2,000,000
Tabac	1,855,000
Café	1,585,000
Quinquina	750,000
Minerais divers	640,000
Baume	200,000

Ces produits ont été exportés pour près de la moitié aux Etats-Unis, pour un quart en Allemagne et pour l'autre quart en Angleterre, en France et dans les autres pays.

prendre de l'extension. Le Lebrija est un affluent du Magdalena qui arrose le département de Santander.

Il y a également un service de steamers dans le Haut-Magdalena, c'est-à-dire, dans la partie du fleuve comprise entre Honda et Neiva.

La situation industrielle de la Colombie n'est, en général, pas brillante. L'élève du bétail et la culture du sol occupent tous les départements. Les fabriques de toiles ordinaires de Santander et de Boyaca produisent à peine assez pour suffire aux besoins de certaines localités de l'intérieur.

Les chapeaux de paille, connus à l'étranger sous le nom de chapeaux de Panama, se fabriquent seulement dans quelques bourgades du Tolima, d'Antioquia et de Santander et sont probablement le seul produit manufacturé qui s'exporte de la Colombie. L'industrie métallurgique est dans une situation plus florissante, bien que, çi et là, la pénurie de voies de communication nuise à son développement.

Les importations d'Europe et des Etats-Unis en Colombie atteignent une valeur de 70 millions de francs, tandis que la valeur des produits exportés est à peine de 40 millions.

Cette différence notable entre le chiffre des importations et des exportations détruit singulièrement l'équilibre (1) du commerce colombien.

---

(1) Dans l'intérêt du commerce et de l'industrie belges, nous croyons bien faire en résumant, ci-après, les notes que nous avons prises dans les deux derniers rapports du consul de Belgique à Panama et en y ajoutant quelques renseignements

Le budget des voies et moyens pour l'exercice triennal
de 1887-88, conclut comme suit :

Ressources . . . . fr.   104,450,000   »
Dépenses 114,468,225 25

Déficit . . . fr.   10,018,225 25

Pour couvrir ce déficit, le gouvernement favorise par
tous les moyens l'industrie métallurgique, qui gagne
chaque jour en importance par la découverte de nou-

---

concernant les prix du fret pour la Colombie, les ports francs
de Colon et de Panama, etc.

Nous avons cru faire également œuvre utile en traduisant le
tarif douanier colombien, actuellement en vigueur, et que le
lecteur trouvera à la fin de cet opuscule.

L'industrie belge est relativement peu connue en Colombie
les relations de la Belgique avec ce pays étant encore assez
restreintes. Cependant, bon nombre de nos produits pourraient
y trouver un excellent débouché, eutr'autres les papiers d'imprimerie, le papier peint, les cartes à jouer, les bougies, les
clous, le zinc, la tôle galvanisée, les armes à feu, le verre, les
coutils, les machines industrielles, le coton, les toiles, le linge
de table, le ciment, etc.

Il y a dix ans déjà que le consul belge à Panama disait de
ces produits : " ils trouvent ici un placement avantageux, et
„ malgré le peu de rapports des maisons de commerce de
„ Colombie avec la Belgique, elles s'efforcent néanmoins de les
„ obtenir de provenance belge, comme étant moins coûteux
„ que ceux de toute autre provenance. „

Les produits belges qui pourraient faire l'objet de transactions suivies et avantageuses avec la Colombie étant connus, il
nous reste à parler de la voie d'expédition, des prix du fret et
des usages du commerce colombien.

Les expéditions d'Anvers pour les quatre principaux ports
de mer de la Colombie, c'est-à-dire, Colon, Panama, Sabanilla

veaux gisements, les uns ignorés jusqu'aujourd'hui, les autres abandonnés depuis l'époque coloniale. Cet espoir de voir augmenter les ressources peut ne pas être illusoire, si l'on tient compte du réseau de veines aurifères et argentifères qui, comme une sève féconde, s'étend principalement dans la partie occidentale du pays.

La dette de la Colombie se divise :

En dette extérieure, qui se monte, à . fr.   55,790,450
En dette intérieure   55,288,140

et Cartagena, peuvent se faire par les paquebots des compagnies suivantes :

Compagnie générale transatlantique; West India and Pacific Steam Ship Cº (Limited); Hamburg-American steam Packet Cº; Royal Mail Steam Packet Cº. De plus, depuis quelque temps, il existe un service de navigation directe entre Anvers et la Colombie, qui est fait par la flottille du marquis de Campo.

Quant aux prix du fret, ils sont aujourd'hui fixés comme suit :

1º Par les navires de la *Compagnie générale transatlantique,* deux départs par mois) :

D'Anvers	Marchandises fines.	Marchandises ordinaires.	Marchandises communes.
pour Sabanilla	fr. 105 et 10 p.c. primage.	fr. 70 et 10 p. c. primage.	fr. 55 et 10 p.c. primage.
pour Colon	fr. 105 et 10 p.c. primage.	fr. 80 et 10 p. c. primage.	fr. 55 et 10 p.c. primage.
pour Panama	fr. 170 net.	fr. 160 net.	fr. 110 net.

Les prix pour Sabanilla et Colon s'entendent par mètre cube; pour Panama, par tonne anglaise de 40 pieds cubes.

2º Par les navires de la *Hamburg-American Packet Company* (départs trois ou quatre fois par mois) :

D'Anvers pour Sabanilla, Colon et Cartagena.	de Liv. St. 2.10. — à Liv. St. 3.10. — par tonne anglaise de quarante pieds cubes, suivant la nature de la marchandise; plus les frais de connaissement.
D'Anvers à Panama.	de Liv. St. 4.20. — à Liv. St. 6,10. — par tonne anglaise, suivant la nature de la marchandise; plus les frais de connaissement.

C'est dire que le pays traverse en ce moment une crise financière; aussi, tous les efforts du chef actuel de la République et de son gouvernement tendent-ils à la combattre et à chercher la solution des problèmes compliqués que cette situation fait naître.

La Banque nationale, fondée en 1881, a dû, par suite de cette crise, émettre du papier-monnaie pour des sommes considérables. Elle n'a cependant pas abusé de cet expédient, ainsi que le constatent les journaux financiers qui se sont occupés de cette importante question.

Les prix du fret pour Panama sont susceptibles de réduction quant il s'agit, pour les marchandises de 4e classe, d'expéditions de 10 tonnes et au delà (£ 3.10 shillings par tonne) et, pour les bougies ordinaires, d'expéditions de 5 tonnes et au delà (£ 3.5 shillings par tonne).

3° Par les navires de la *West India and Pacific Steam Ship* Co; au départ de Liverpool :

— Marchandises ordinaires, à destination de Sabanilla et Cartagena, 40 shillings par tonne et 10 p. c. primage, et celles à destination de Santa-Marta 60 shillings et 10 p. c.

Pour les marchandises communes, les prix sont naturellement plus bas.

4° Les steamers du marquis de Campo, qui sont partis récemment d'Anvers pour Panama, ont pris, pour fret, 55 shillings par tonne.

Colon et Panama sont les deux ports francs de la République. Les marchandises à destination de ces deux ports, qu'elles soient pour la consommation de la République ou qu'elles passent en transit, ne sont soumises à aucun droit d'entrée ou de sortie; elles restent cependant soumises aux formalités ordinaires des douanes, pour ce qui concerne la production des factures légalisées par les consuls.

Dans toutes les autres douanes de la République, l'importa-

En traitant ce sujet et après avoir dit qu'il y a en cir-
culation pour 40 millions de francs de papier-monnaie,
un écrivain très compétent ajoute :

« Le chiffre de l'émission précitée n'est pas trop élevé
» pour le pays; il pourrait rester à peu près dans ses
» proportions actuelles si la Banque possédait en métal-
» liques son capital primitif et même moins; puisque
» l'on a vu dans tous les pays qui ont dû recourir à
» l'émission du papier-monnaie, que celui-ci montait au
» pair et même faisait prime sur l'or et l'argent à l'époque
» de son remboursement. »

---

tion des marchandises est soumise à des droits d'entrée fixés
par la loi n° 86 du 28 octobre 1886; le *Diario oficial* du 8 novembre 1886, a publié le nouveau tarif des douanes; nous en
donnons la traduction à la fin de ce travail.

Le crédit est entré dans les mœurs du pays. Il est d'usage de
faire traite à trois, quatre ou six mois, en francs effectifs, au
cours du jour, suivant les conventions établies au moment de la
vente, c'est-à-dire, que le client accepte les traites à la réception
du connaissement, qui lui est adressé en même temps que la
facture. A gouverne, certaines maisons de commission de
Panama s'occupent, moyennant une commission minime, du
recouvrement des factures.

Le règlement des factures se fait aussi très souvent en valeurs
sur Paris, sur New-York ou sur Londres; les conditions de
payement sont choses à débattre entre le vendeur et l'acheteur.

Comme règle générale, on engage à n'exécuter des ordres
que s'ils sont donnés à main ferme et de ne pas se laisser aller
à accorder des consignations, dont le résultat est parfois désas-
treux pour l'exportateur, à moins que le consignataire ne présente toutes les garanties requises d'honorabilité et de loyauté.

Dans ses derniers rapports, le consul belge a Panama donne
aux négociants de notre pays des conseils qui nous semblent

En temps de paix, l'armée de la République compte
6,5oo hommes.

Le service des postes et télégraphes est organisé aussi
bien que peuvent le permettre les mauvaises voies de
communication et un territoire peu peuplé.

Le gouvernement travaille à la diffusion de l'instruc-
tion publique, primaire et moyenne; aussi, les progrès
s'accentuent-ils chaque jour davantage.

Le système métrique français est celui adopté pour les
poids, les mesures et les monnaies. Néanmoins, les

---

trop pratiques pour que nous résistions au désir de les repro-
duire ici :

„ Les rapports commerciaux de la Belgique avec la Colombie
„ prendraient un développement beaucoup plus important si
„ les négociants et industriels belges étaient réellement dési-
„ reux d'étendre leurs relations dans ce pays. On y ignore géné-
„ ralement quels sont les articles que la Belgique produit, les
„ prix de fabrique, les maisons de commission sérieuses aux-
„ quelles on peut s'adresser dans les villes manufacturières, etc.
„ Toutes ces raisons sont cause que les produits similaires des
„ autres pays, quoique moins avantageux, remplacent ceux de
„ provenance belge, car le commissionnaire français, anglais
„ ou allemand s'adresse de préférence aux fabricants de ces
„ mêmes produits dans son propre pays, eu égard à la facilité
„ de l'expédition dans un cercle plus rapproché et à proximité
„ de ses opérations journalières.

„ Pour obvier à ces inconvénients et arriver à un résultat
„ favorable au développement du commerce belge, il existe
„ deux moyens pratiques : la publicité et l'envoi de voyageurs
„ en Colombie.

„ La publicité est un excellent moyen pour préparer le ter-
„ rain et attirer l'attention des négociants à l'Etranger.

„ Les maisons de commission de Belgique qui désireraient

transactions commerciales s'effectuent avec, l'Angleterre, en livres sterling; avec la France, en francs, et avec les Etats-Unis, en dollars.

Pour terminer cette courte notice sur la Colombie, nous donnons ci-après une description succincte des départements qui forment la République, en commençant par ceux du littoral de l'Océan Atlantique.

* *

Magdalena. — Ce département emprunte son nom au

„ créer des relations à l'Etranger et procurer un débouché aux
„ produits belges, auraient tout intérêt à publier de temps en
„ temps des prospectus, revues de marchés, bulletins industriels,
„ qui feraient connaître au commerce étranger les principaux
„ articles d'exportation et d'importation, leurs prix, conditions
„ d'achat et de paiement, mode d'expédition, etc. Ces revues
„ mensuelles, mode de publicité adopté par les principales mai-
„ sons de commerce d'Angleterre, de France et d'Allemagne
„ ont produit d'excellents résultats.

„ Ces publications pourraient être adressées aux consuls,
„ belges (il y a en Colombie, des consuls à Colon, Panama
„ Barranquilla, Medellin, Cartagena, Bogota), et, par leur inter-
„ médiaire, les principales maisons de commerce seraient
„ mises en rapport avec les commissionnaires exportateurs
„ belges.

„ Mais le moyen le plus efficace, pour entamer des relations
„ avec la Colombie, celui qui présente toutes garanties de succès
„ c'est d'y envoyer des représentants, des voyageurs de com-
„ merce; ils devraient être porteurs de cartes d'échantillons
„ d'albums, de spécimens, en un mot, de tout ce qui peut
„ convaincre l'acheteur, le persuader de la supériorité des
„ articles qui lui sont offerts, et une première affaire suffit sou-
„ vent pour fixer l'acheteur et en faire un client pour l'avenir.

fleuve dont nous avons déjà parlé plusieurs fois. Il a
pour chef-lieu et port Santa-Marta, qui compte 6,000
habitants.

C'est, le moins riche en minéraux, mais il possède,
par contre, d'immenses mines de houille, à proximité de
la mer. L'élève du bétail s'y fait sur une assez grande
échelle. Les forêts abondent en bois précieux et résineux.
Un steamer relie Santa-Marta à Barranquilla.

„ Il n'est pas absolument nécessaire que cet agent ne repré-
„ sente qu'une seule industrie ; les frais de voyage absorbe-
„ raient dans ce cas, tous les bénéfices ; il peut, au contraire,
„ représenter plusieurs fabriques, afin de diminuer le chiffre
„ des dépenses, et dans ces conditions, il sera presque toujours
„ certain d'arriver à des résultats favorables pour les maisons
„ qu'il représente. En arrivant dans le pays, son premier soin
„ doit être de demander à son consul ou à une maison de
„ premier ordre, les renseignements qui lui sont nécessaires
„ afin de n'entrer en relations qu'avec des maisons recomman-
„ dables.

„ Muni de ces indications, il peut se mettre en campagne.
" Pour faciliter les achats, il doit prendre des ordres à crédit,
„ car il ne doit pas prétendre que ces commandes lui soient
„ données au comptant, le crédit, comme nous l'avons dit plus
„ haut, étant entré dans les mœurs de l'Amérique du Sud.

" En même temps que se créeraient des débouchés pour les
„ produits de l'industrie belge, il s'établirait avec la Colombie
„ un échange doublement profitable au commerce des deux
„ nations, ce pays exportant l'indigo, le sucre, le café, le baume,
„ le caoutchouc, les bois de teinture et d'ébénisterie, le tabac,
„ les cocos, les cuirs de bœuf et de chevreuil, l'or, l'argent, les
„ pierres précieuses, le dividi, le quina, les chapeaux de paille
„ et l'ivoire végétal.

Le département de Magdalena renferme 68 communes et une population de 85,255 habitants.

* *

Bolivar. — Le nom de ce département rappelle celui du Libérateur ; il a pour chef-lieu Cartagena, place-forte dont la construction coûta à l'Espagne la somme énorme de 59 millions de piastres. Ce port est vaste et sûr. La ville compte 12,000 âmes.

Ce département, arrosé par le Magdalena, le San Jorge, le Cauca et le Sinu, renferme des plaines très fertiles. L'agriculture y est peu florissante. Par contre, on exporte de ce département vers les Antilles de grandes quantités de bétail. Les forêts, comme toutes celles des régions arrosées par le Magdalena, produisent des résines, des baumes et des bois de toutes espèces.

Barranquilla, dont nous avons déjà parlé, appartient à ce département. Celui-ci compte 123 communes et une population de 300,000 âmes.

* *

Panama. — L'isthme de Panama donne son nom à ce département, baigné au nord par l'Océan Atlantique et au sud par l'Océan Pacifique. Le trafic universel, qui se fait par le chemin de fer de Panama, donne à ce département une grande importance commerciale. Le chef-lieu est Panama (18,000 habitants). Nous avons déjà dit que la ligne qui porte ce nom part de Colon et se termine à Panama. On y élève un peu de bétail et il se trouve sur les côtes quelques pêcheries de perles. Ce département se compose de 60 communes, ayant une population de 220,600 habitants.

Cauca. — Ce département reçoit son nom du principal fleuve qui l'arrose. C'est le plus grand de tous les départements de la République. Ses côtes s'étendent, sur le Pacifique, du golfe de Panama jusqu'aux frontières de l'Equateur. Son chef-lieu est Popayan, ville de 8,000 habitants.

Le sol du Cauca est fertile et la population en est très laborieuse. Sur le Pacifique, dans la région nommée Choco, l'or abonde. C'est-là également que se trouve la mine de platine la plus riche de toute l'Amérique. Le Cauca renferme 128 communes, entre lesquelles il faut citer la ville de Cali, qui compte 13,000 habitants et est appelée à un grand développement, dès que la ligne de Buenaventura sera achevée.

Ce département a une population de 435,690 habitants.

Santander. — Il est situé dans le nord de la Colombie et a pour chef-lieu la ville Del Socorro (16,000 habitants). Santander se distingue par le travail et l'initiative de ses habitants. L'agriculture y est très florissante ; c'est le département qui exporte le plus de café.

Il s'y trouve quelques fabriques (chapeaux, toiles, couvertures et étoffes ordinaires). C'est dans ce département

que sont les mines importantes de Alta, Baja et de
Vetas. Puerto Nacional en est le principal port sur le
Magdalena. Il renferme 120 communes, dont Cucuta
est une des plus importantes, comme centre commercial et tête de chemin de fer. Santander compte 423,429
âmes.

* *

Antioquia. — Ce département, essentiellement mon-
tagneux, est arrosé par le Cauca et borné à l'est par le
Magdalena. Medellin en est le chef-lieu, avec 29,765
habitants. C'est un centre commercial et intellectuel. Les
mines y sont nombreuses. Les habitants sont d'une race
forte et active. « Le sol d'Antioquia, dit le document
» officiel que nous avons cité précédemment, est par-
» tout riche en mines d'or. Ses montagnes sont traver-
» sées par d'innombrables veines d'or et les lits de ses
» torrents forment une suite non interrompue d'allu-
» vions aurifères. C'est à peine s'il se trouve un cours
» d'eau dont les sables ne contiennent le précieux métal.
» Le département d'Antioquia peut être comparé à un
» filet qui renferme dans ses mailles des placers inépui-
» sables.

» La région arrosée par le Porce, le Nechi et leurs nom-
» breux affluents, est incontestablement la plus riche.

» On peut considérer le Porce comme le grand dépôt
» aurifère d'Antioquia. Il serait difficile de préciser la
» quantité d'or qu'on en a extrait depuis la conquête du
» pays, et plus difficile encore, de se faire une idée des
» richesses qu'il cache dans son lit et dans les sables de
» ses bords. »

Le département, composé de 76 communes, a une population de 365,974 habitants. Nare et Puerto Berrio en sont les ports sur le Magdalena.

**

Boyaca. — Il a pour chef-lieu Tunja, une des plus anciennes villes du pays (6,000 habitants).

Les industries agricole et manufacturière y sont assez florissantes. C'est dans ce département qu'est la ville de Muzo, où se trouve la plus importante mine d'émeraudes du monde. Dans la région de l'est, qui touche à la frontière du Vénézuela, s'étendent d'immenses plaines où paissent de nombreux troupeaux.

Ce département, renferme 127 communes et compte 483,874 habitants,

**

Cundinamarca. — Ce département est le plus important de la République, parce qu'il renferme la ville de Bogotá, chef-lieu du département et capitale de la République.

Bogotá, située dans la Savane du même nom, est à une altitude de 2,644 mètres au-dessus du niveau de la mer. Sa température moyenne est de 15°. Bien qu'il y ait quelques contradictions à ce sujet, on peut, sans exagération, taxer la population de Bogotá à 100,000 âmes. C'est, par excellence, le centre commercial et intellectuel du pays. La ville possède quelques établissements et édifices remarquables tels que la Bibliothèque, le Capitole ou Palais législatif, en construction, la Cathédrale, etc., elle renferme quatre parcs qui, bien que peu étendus, sont extrêmement pittoresques et agréables.

C'est dans le Cundinamarca que se trouve la riche saline de Zipaquira (1) et d'autres encore dans le voisinage de cette ville; le produit de ces salines, joint à celui des douanes. constitue les ressources les plus importantes du gouvernement.

De même que le département de Boyaca, le Cundinamarca a de vastes plaines, arrosées par le Meta. Il possède les meilleures grand'routes du pays et deux chemins de fer en construction, celui de Girardot et celui de la Sabana. Il est séparé du Tolima, à l'ouest, par le Magdalena. L'industrie agricole est la seule florissante dans ce département; qui se compose de 108 communes et compte 409,602 habitants.

Tolima. — Tolima est un département agricole et minier. Son chef-lieu est Ibagué (10,346 habitants) dont le climat est très agréable. Outre les mines de Santa Ana, Lajas, Bocaneme, etc., il convient de mentionner celle de la Plata, dans le sud de ce département; cette mine, abandonnée par les Espagnols, a été explorée dernièrement et promet des résultats magnifiques. Il y a

---

(1) Suivant une note insérée dans le *Diario oficial* du 23 juin 1887, le produit brut des salines de l'Etat pendant les mois de janvier, février, mars et avril 1887, aurait été de 770,147 piastres, soit 3,880,735 francs.

Dans ce chiffre n'est pas comprise la production de plusieurs salines pendant les mois de mars et d'avril.

sur différents points du département des alluvions aurifères et des placers.

Parmi les 49 communes composant ce département,
Honda, sur le Magdalena, le principal fleuve du dépar-
ment, occupe la première place. Le Tolima a une population de 230,821 habitants.

La Colombie a, dans tous les départements, des terres
en friche, qui moyennant certaines conditions, peuvent
être cédées aux émigrants.

Ajoutons, comme conclusion, que la République de
Colombie entretient les relations les plus amicales avec
les pays voisins et avec toutes les puissances étrangères;
qu'avec beaucoup d'entre elles, elle a des traités de commerce et qu'elle est représentée partout par des agents
diplomatiques ou consulaires, de même que tous les pays
ont en Colombie des consuls ou ambassadeurs.

Si, grâce à la pratique loyale des nouvelles institutions
qui donnent tant de force et d'autorité au gouvernement, celui-ci parvient à introduire de prudentes écono-
mies dans les finances et à étouffer l'esprit de révolte
dans le pays, les éléments de prospérité que la
Colombie renferme continueront leur développement
naturel et le peuple colombien jouira alors de la paix
et de la prospérité auxquelles il a tant de droits et auxquelles
il aspire avec tant de raison.

TARIF DES DOUANES

EN VIGUEUR EN COLOMBIE

EN VERTU DE LA LOI

N° 36 DU 28 OCTOBRE 1886 (1).

Aliments et condiments

Droits par kilog.
Pesos centavos (2)

Les ignames ou patates, pommes de terre, oignons, maïs, riz, pois chiches, lentilles et toute espèce de légumes et de fruits frais.	„ 01
L'ail	„ 05
Les farines, y compris le sagou, l'arrow-root, le tapioca, le maizena et autres produits du même genre.	„ 05
La morue, les viandes salées et en général, les poissons et les viandes qui n'ont pas subi de préparation. . , ...	„ 05
Le sucre	„ 05
Les noisettes, les noix, les amandes en coque et en général tous les aliments non préparés qui ne sont pas mentionnés dans ce tarif	„ 10
Le vermicelle et les pâtes analogues	„ 10
Les aliments préparés, tels que : mortadelle, saumon, jambon, les bonbons, les confitures, les fruits conservés, les fruits secs, etc., les conserves et les condiments de toute espèce qui ne font pas l'objet d'une mention spéciale	„ 20

---

(1) Traduction du *Diario oficial* n° 6854 du 8 novembre 1886.
(2) Le peso (100 centavos) 5 francs.

Les olives en tonneaux . . . .   » 10
Le thé . . . .   » 70
La cannelle . . . .   » 30
Le safran 1 20
L'anis . . . .   , 20
La glace . . . .   » 01

Les droits d'entrée sur le sel sont de 1 peso,
20 centavos pour chaque quantité de 12 1/2 kilogrammes.

Boissons

La bière et autres boissons fermentées. . . . .   » 05
Le moût d'orge ou de toute autre matière fermentée
ou non fermentée, liquide ou solide, propre à la
fabrication de la bière et la bière condensée . .   » 02 1/2
Le vin rouge ordinaire en pipes, barils ou dames-
jeannes. . . . .   » 02 1/2
Les vins blancs, doux ou secs, en pipes ou en
barils. . . . .   » 05
Les autres vins . . . .   » 40
Les boissons spiritueuses, telles que : brandy, rhum,
genièvre, whisky, rosoli, etc., et les liquides con-
densés ou essences qui servent à les préparer . .   » 40

Autres liquides

Le vinaigre en tonneaux . . . .   » 05
L'huile d'olive. . . . .   » 10
L'huile de lin propre à la préparation des cou-
leurs. . . . .   » 10
L'encre noire à écrire. . . . .   » 05
Les encres de couleur à écrire . . . .   » 10
Les encres (liquides ou solides) pour imprimerie,
reliure et lithographie. . . . .   » 01
Les liquides en général, excepté la parfumerie et
les autres liquides qui font l'objet d'une spécifi-
cation particulière. . . . .   » 20

Coton

Les toiles écrues de coton, sans couture, ni façon,
sans aucune partie blanche ni de couleur . . . „ 40

Les foulés bleus et les toiles blanches ou écrues
avec partie blanche, unies, sans couture, sans
dessins et sans broderie, telles que celles con-
nues sous le nom de bogotanas, calicots, mada-
pollam et autres de même qualité. . . . . . „ 50

Les coutils et autres toiles blanches ou de couleur
qui n'ont pas encore été désignées. . . . . „ 60

Les courtes-pointes, marsellas et toiles brodées ou
damassées qui ne font pas partie d'un autre
groupe; les velours, les rubans et les fils de
coton. . . . . „ 70

Les châles avec ou sans frange de laine . . . . „ 60

Les mouchoirs de poche, avec ou sans broderie
ordinaire, les toiles de Rouen ou le coton pour
la fabrication de celles-ci . . . . „ 80

Les bas, chaussettes et autres tissus de même fabrication (tricot) tels que chemises, caleçons, gants,
mousselines, linons et autres toiles légères; damassés, carpettes, hamacs; vêtements sans broderies, dentelles ni autres garnitures payant des
droits d'entrée supérieurs . . . . „ 90

Toutes espèces de toiles brodées ou à point et
leurs imitations, y compris les dentelles, entre-
deux et autres du même genre; le linge ou tissu
façonné non classé ailleurs 1 20

Le fil blanc . . . . „ 40

Le fil de couleur. . . . . „ 60

Les franges, galons, cordons, tresses, glands et
autres articles du même genre. . . . . . „ 90

Les mèches pour lampes et briquets . . . . . „ 20

Les mèches pour bougies, cierges ou allumettes . „ 10

Les rênes en corde . . . . „ 20

Chanvre et lin

Les sacs vides, goudronnés ou non, avec ou sans
papier imperméable et la toile ordinaire du même
genre dont ces sacs sont fabriqués : . . . .   „ 02 1/2
Les tresses de chanvre . . . .   „ 10
Les toiles écrues ordinaires telles que crehuelas,
brins, toile à voiles, grosse toile pour tentes, à
l'exception des coutils . . . .   „ 30
Crehuelas blanches ou rayées, ordinaires. . . . .   „ 40
Les toiles écrues fines, excepté les coutils et les
autres toiles mentionnées dans les paragraphes
suivants . . . .   „ 60
Les coutils écrus, blancs ou de couleur; cretonnes
platilles, damassés, tissus pour nappes, ser-
viettes, taies d'oreiller, couvertures de lit, toiles
de matelas, rubans, toiles pour draps de lit et
autres du même genre, qui ne font pas l'objet
d'un autre article de ce tarif; tous ces articles sans
couture ni broderie . . . .   „ 80
Les mouchoirs de poche, bonnets, bas, gants, bre-
tagnes, estopilles, toiles dites d'Irlande, de Picar-
die, Warandof, la batiste et les tissus rayés
imitant ceux de coton; les franges, galons,
écharpes, tresses, cordons, glands et autres articles du même genre; toute toile en chanvre ou
en lin sans broderies, dentelles ou autres garnitures frappées de droits supérieurs . . . . .   1 „
Toiles brodées ou à point de tous genres et leurs
imitations, y compris les dentelles, entre-deux
et autres de même espèce; le linge façonné non
classé 1 20
Le fil de lin ou de chanvre . . . .   „ 40
Les cordes goudronnées et câbles . . . . . .   „ 05
Tout cordage de chanvre ou de lin non encore désigné . . . .   „ 20

La toile peinte pour habitations rurales et ponts . „ 05
La toile ordinaire préparée ou peinte pour usages
 domestiques et la toile cirée (bâches) pour voitures; non compris les carpettes de chanvre . „ 20

Laine

La laine non manufacturée. . . . . „ 05
Les couvertures de lit . . . . „ 50
Le fil de laine . . . . „ 60
Les tapis. . . . . „ 70
Les molletons . . . . „ 90
Les tissus légers; toutes espèces de tissus de laine
 brodés ou à point et leurs imitations, y compris
 les dentelles, entre-deux et autres; le tissu de
 laine confectionné. 1 20
Tout tissu ou article de laine dont il ne serait pas
 fait mention dans ce tarif . . . . 1 „

Soie

Tissus, fils, etc., etc 1 20

Tissus et fils divers

Le brocard et autres tissus en or, argent ou autres
 métaux, de même que les fils, etc., fabriqués des
 mêmes matières. 1 20
Les tissus de crin ou de toute autre matière non
 encore désignée. . . . . „ 60
La toile cirée pour meubles et carpettes . . . . „ 60
Les échantillons de petites dimensions ne dépassant pas le poids de 25 kilogrammes . . . . „ 00
Les tissus tramés payeront comme la matière la
 plus imposée de celles dont ils sont fabriqués.

Caoutchouc

Le caoutchouc non manufacturé. . . . . . . „ 40

Les chaussures; ceintures de sauvetage; la toile
  caoutchouc pour pelisses, sans laine ni soie . .   „ 80
Les tuyaux et conduits propres à la construction
  des pompes; les divers objets pour machines et
  usages domestiques; excepté les conduits des
  pompes à incendie qui ne payent que 1 centavo
  de droits . . . .   „ 05
Les bouchages en caoutchouc . . . . . . „ 10
Les élastiques pour chaussures . . . . . . „ 60
Les boutons sans étoffe . . . . „ 40
Tout autre objet en caoutchouc . . . . . . 1 „

Cuirs et peaux

Les cuirs et peaux brutes, excepté les cuirs vernis. „ 20
Les cuirs vernis en peaux . . . . „ 30
Les chaussures. . . . . 1 „
Les gants, casquettes, parties de vêtements, etc.,
  porte-feuilles, porte-cigares et autres articles du
  même genre 1 20
Tout autre objet qui n'aurait pas encore été
  désigné . . . . 1 „
Les harnais pour voitures et charrettes . . . . „ 10

Poterie

La faïence ordinaire ou de terre, quelle que soit
  la forme . . . . „ 10
La porcelaine ordinaire et de Talavera . . . . „ 20
Les terrines ou pots, bouteilles, cruches, cruchons
  de terre et, en général, la faïence de terre ordinaire. . . . . „ 02 1/2
Les tuyaux, conduits pour pompes, toits et conduites d'eau . . . . „ 05

Cristal et verre

Les dames-jeannes et bouteilles ordinaires en
  verre noir ou en verre clair ordinaire . . . . „ 01

Les flacons et flaconnets en verre ordinaire. . . .   „ 02 1/2
Le verre uni, non étamé. . . . .   „ 05
Les miroirs de la grandeur maximum de 25 centi-
  mètres . . . .   „ 20
Les miroirs de plus de 25 centimètres de grandeur   „ 40
Les grains, perles, la verroterie, cannetilles, pierres
  et bijoux, verres pour montres et lentilles, etc.   „ 60
Tout autre objet en cristal ou en verre . . . .   „ 20

Articles d'éclairage, etc.

La cire blanche, la cire jaune, la cire de laurier
  brutes . . . .   „ 30
Les bougies et autres articles en cire . . . . .   „ 40
Le blanc de baleine brut. . . . .   „ 20
Les chandelles en blanc de baleine et autres ar-
  ticles de la même matière . . . .   „ 30
La stéarine et la parafine brutes. . . . . . .   „ 05
Les chandelles et autres articles en stéarine, etc.   „ 20
Le suif brut . . . .   „ 01
Les chandelles de suif et autres dont les droits ne
  sont pas désignés particulièrement . . . . .   „ 20
L'acide stéarique . . . .   „ 01
Le pétrole . . . .   „ 10
Les allumettes phosphoriques. . . . .   „ 20
Les allumettes bougies . . . .   „ 60

Drogues et médicaments

Les drogues et médicaments en général, excepté
  le soufre et l'alun, dont les droits sont de 20 centavos par kilo; l'acide sulfurique et le salpètre,
  qui payent 5 centavos; la potasse ou soude
  caustique, les cendres de bois et les sels de soude,
  la résine de pin, les sous-carbonates de potasse
  et de soude, qui payeront 2 1/2 centavos . . .   „ 30
Sont compris dans la classe des médicaments, cer-

tains articles à l'usage des malades, tels que les bandages, suspensoirs, etc.; à l'exception des vases et ustensiles de faïence, etc., des instruments de chirurgie, etc., dont les droits sont fixés dans un autre paragraphe.

Parfumerie et savons

Les eaux de Floride, Divine et de Kananga. . .   „ 30
Les autres articles de parfumerie et de coiffeurs tels que essences, savons, crêmes, cuirs à rasoirs, brosses à dents et à habits, etc., et autres articles de ce genre qui ne sont pas indiqués dans ce tarif 1 20
Le savon ordinaire à l'huile. . . . .   „ 20
Le savon ordinaire de résine ou de suif . . . .   „ 05

Papier et carton

Le papier pour journaux, brochures et feuilles imprimées . . . .   „ 00
Le papier sans colle et de couleur pour imprimerie   „ 05
Le papier brouillard et autre papier ordinaire pour emballage. . . . .   „ 05
Le papier de verre . . . .   „ 05
Le papier à cigarettes . . . .   „ 05
Le papier à écrire, les enveloppes et tout autre papier non encore mentionné; les ustensiles de bureau, qui ne font pas l'objet d'un autre article de ce tarif. . . . .   „ 20
Le papier ministre filigrane . . . .   „ 10
Le papier réglé pour musique. . . . .   „ 30
Les livres de commerce, lignés ou non, les carnets   „ 40
Les livres imprimés . . . .   „ 10
Les estampes, cartes et gravures de tous genres et la musique écrite ou imprimée. . . . . . .   „ 40

Le papier d'or ou d'argent	" 40
Le papier peint ou jaspé pour reliure et autres usages industriels	" 20
Le carton pour imprimeurs, relieurs et lithographes, etc	" 05
Les cartonnages sous toutes autres formes, excepté sous forme de cartes à jouer qui payeront 1 peso 20 centavos le kilogramme	" 20

Bois

Les bois de construction, tels que planches, poutres, billes pour chemins de fer, non rabotées, ni polies	" 00
Les bois ordinaires rabotés et ceux d'ébénisterie rabotés ou bruts, qui ne sont pas façonnés, à l'exception des plaques pour meubles	" 01
Plaqués pour meubles (plaqué)	" 20
Les moulures, sculptures et ornements pour meubles, les cadres dorés ou non	" 30
Les lits, tables pour salles à manger, armoires et grandes commodes pour le linge et autres usages, sans glaces, sculptures ni marqueterie	" 05
Les meubles de tous genres avec glaces, sculptures, marqueterie et garniture de laine ou de soie	" 30
Les meubles dont le genre n'est pas spécifié	" 20
Ne sont pas compris dans les meubles, quelle que soit la classe à laquelle ils appartiennent, les matelas, coussins, etc., quand ils sont expédiés isolément; ils payent suivant la matière dont la doublure est fabriquée.	
Les statues et images pour autels d'églises	" 20
Les instruments de musique appelés orgues et pianos	" 10
Les harmoniums, harpes, orgues de Barbarie	" 20
Les autres instruments de musique en bois	" 80

Les crayons (pour bureaux et charpentiers) . . .   „ 20
Les compas et équerres (pour arts et industries) .   „ 20
Les grands soufflets pour forges . . . .   „ 05
Les soufflets de tous genres, excepté les grands
    spécimens pour forges. . . . .   „ 20
Les bois de selles non garnis . . . .   „ 20
Les seaux et baquets. . . . .   „ 05
Les tonneaux et pipes, montés ou non pour em-
    ballages ou récipients . . . .   „ 02 1/2
Les robinets pour tonneaux. . . . .   „ 05
Les caisses ordinaires pour emballages, montées
    ou non . . . .   „ 02 1/2
Le bois pour boîtes à allumettes et celui propre à
    la fabrication des allumettes . . . .   „ 05
Les voitures et wagons pour chemins de fer . . .   „ 00
Les chars et charrettes pour le transport des mar-
    chandises et autres usages semblables . . . . „ 02 1/2
Les voitures et charrettes de tous genres. . . . .   „ 05
Les vélocipèdes. . . . .   „ 40
Les bateaux construits ou non, destinés à la navi-
    gation intérieure du pays . . . .   „ 01
Les rames pour embarcations. . . . .   „ 05
Les pièces démontées entrant dans la construction
    des maisons   00
Les fenêtres, portes, etc., isolément . . . . . .   „ 05
Les machines pour bateaux, arts, manufactures,
    exploitations agricoles et métallurgiques . . .   „ 05
Les cannes non armées . . . .   „ 80
Tous les autres objets en bois de forme non dési-
    gnée. . . . .   „ 40

Osiers et autres articles analogues

Les sacs de *fique*, goudronnés ou non, avec ou sans
    papier imperméable et la toile du même genre
    qui sert à les confectionner . . . .   „ 02 1/2
Le foin et la paille bruts. . . . .   „ 01

Le palmier pour la fabrication des chapeaux . . .   „ 05
La sagette, la paille et le *bejuco* (liane) ordinaire,
    non manufacturés ou en bottes . . . .   „ 05
Les mannes d'osier ou de matières analogues . .   „ 20
Nattes de tous genres . . . .   „ 05

Fer et acier

Le fer brut . . . .   „ 01
Les rails; les différentes pièces nécessaires aux
    chemins de fer de service public . . . . .   „ 00
Les rails pour chemins de fer particuliers . . . .   „ 05
Les bateaux ou les parties en fer qui entrent dans
    leur construction . . . .   „ 01
Les ancres et grappins pour petites embarcations.   „ 02 1/2
Les ponts publics . . . .   „ 00
Les ponts des propriétés privées. . . . . . .   „ 05
Les gazomètres, appareils, tuyaux et réverbères
    pour l'éclairage public . . . .   „ 00
Les ouvrages, en fer ou en acier, destinés à la con-
    struction ou à la réparation des prisons. . . . .   „ 00
Le fil pour les télégraphes publics . . . . . .   „ 00
Le fil pour les télégraphes particuliers. . . . .   „ 02 1/2
Le fil de fer ou d'acier pour clôtures et les cram-
    pons et autres pièces nécessaires pour le fixer .   „ 01
Les treillis destinés à orner les édifices et places
    publiques . . . .   „ 00
Les paratonnerres . . . .   „ 00
Les conduites d'eau pour les aqueducs des districts,
    les fontaines d'utilité publique. . . . . . .   „ 00
Les tours pour phares et fanaux . . . .   „ 01
Les horloges des tours, y compris les cadrans et
    les cloches . . . .   „ 02 1/2
Les matériaux pour maisons et les feuilles galva-
    nisées pour couvrir les toits. . . . .   „ 01
Les balustrades pour édifices, portes, fenêtres, etc.,
    quand elles sont expédiées isolément . . . .   „ 05

Les pompes à incendie . . . .   „ 01

Les pompes et machines hydrauliques avec leurs
  tuyaux et autres pièces respectives . . . . . .   „ 05

Les machines pour imprimeries, fabriques ou les
  mines . . . .   „ 01

Les instruments aratoires . . . .   „ 02 1/2

Les machines pour arts, manufactures et industries . . . .   „ 05

Les machines non désignées, dont le poids n'excède
  pas 1,000 kilogrammes . . . .   „ 05

Les machines de tous genres, dont le poids total
  dépasse 1,000 kilogrammes . . . .   „ 01

Les presses pour imprimeries, relieurs et litho-
  graphes . . . .   „ 02 1/2

Les moteurs quels que soient leur genre et leur
  force . . . .   „ 02 1/2

L'étain en feuilles ou le fer-blanc . . . .   „ 05

Les moteurs et grands tuyaux pour exploitations
  de café . . . .   „ 02 1/2

Les grandes chaudières . . . .   „ 05

Les réservoirs pour eau potable . . . .   „ 01

Les broyeurs pour moulins; les pilons à l'usage des
  mines . . . .   „ 05

Les enclumes et les poulies . . . .   „ 05

Les charrues . . . .   „ 02 1/2

Le fer et l'acier en feuilles ou tiges non considé-
  rées comme fer brut; les lits, grosses chaînes
  caisses et coffres-forts, clous et pointes de Paris,
  batteries de cuisine non étamées ou étamées à
  l'intérieur seulement, fers à repasser, gros outils
  pour l'agriculture, les carrières et les mines, tels
  que houes, pioches, bêches, leviers, haches,
  pelles, vrilles, pics, mandrins et autres outils
  pour démonter . . . .   „ 05

Les outils pour forgerons, carriers, charpentiers
  et maçons . . . .   „ 20

Les formes ou modèles (pour arts et industries) . .   „ 20

Le fil d'archal, les anneaux, les crampons, les
gonds, les cloux à vis et les ressorts et ferrailles
pour meubles . . . . „ 20
Les meubles en fer. . . . . „ 20
Les jantes, les roues, essieux, ressorts et coins pour
voitures et charrettes . . . . „ 05
Les bascules, poids et balances romaines suppor-
tant un poids dépassant 100 kilogrammes. . . „ 10
Les bascules, poids et balances ne supportant pas
un poids dépassant 100 kilogrammes . . . . „ 20
Les peignes pour chevaux et les étrilles . . . . „ 20
Les batteries de cuisine et autres objets en laiton
ou fer étamé à l'intérieur et à l'extérieur . . . „ 20
Les couteaux pour arts et manufactures, tels que
ceux pour relieurs et cordonniers . . . . . . „ 20
Toute coutellerie non encore spécifiée. . . . . „ 40
Les armes blanches, les armes à feu et de tout
autre genre, y compris les escopettes . . . . 1 „
Les rasoirs, les ciseaux de qualité supérieure ou
de qualité moyenne, les couteaux et fourchettes
avec manches en ivoire, nacre, ruolz et métal
anglais; les canons des armes à feu; les perles
ou grains dorés ou argentés; les porte-mines, les
bijoux et tout objet doré ou argenté; les bijoux
dits en argent allemand, en ruolz, qualité fine ou
moyenne . . . . 1 „
L'acier en barres ou en tiges propres à l'industrie;
les tarrières en acier . . . . „ 20
Tout objet en fer ou en acier dont la forme n'aurait
pas encore été indiquée . . . . „ 40

Cuivre et bronze

Le cuivre et le bronze bruts, en barres ou en lingots . . . . „ 10
Le cuivre et le bronze en plaques ou en feuilles,
quel que soit leur poids . . . . „ 10

Les poëles, chaudrons et articles d'un autre genre,
dont le poids dépasse 25 kilogrammes . . . .   „ 20

Les objets dont le poids dépasse 500 grammes
et n'atteint pas plus de 25 kilogrammes . . .   „ 40

Les objets dont le poids n'excède pas 500 grammes . . . .   , 50

Les bijoux, perles, galons, jetons, franges, pail-
lettes, fils et autres articles semblables, objets en
argent galvanique et capsules pour armes à
feu . . . .   1 „

Les statues destinées à orner les édifices et places
publiques. . . . .   „ 00

Etain

L'étain en lingots . . . .   „ 10

Les plats et autres objets . . . .   „ 40

L'étain en poudre et en feuilles . . . . . .   „ 50

Plomb

Le plomb en lingots à l'usage des mines . . . .   „ 02 1/2

Le plomb en feuilles, les tuyaux et autres objets
dont le poids dépasse 5 kilogrammes, le plomb
de munition, articles d'imprimerie, lingots non
destinés aux mines. . . . .   „ 05

Les jouets; les feuilles minces . . . .   „ 70

Les capsules pour bouteilles . . . .   „ 10

Tout autre objet d'une forme non encore désignée.   „ 40

Zinc

Le zinc brut, en feuilles, y compris celles propres
à couvrir les toits; les tuyaux . . . . . .   „ 05

Le zinc ouvré de toute forme non désignée . . . .   „ 40

Mercure

Le mercure pour les mines . . . .   „ 02 1/2

Le mercure pour tous autres usages . . . . . . „ 20

Or

L'or en barres . . . . „ 02 1/2
L'or monnayé dont le titre n'est pas inférieur
  à 900,00. . . . . „ 00
Tout objet en or 1 20

Argent

L'argent en barres . . . . „ 02 1/2
L'argent monnayé dont le titre n'est pas inférieur
  à 900/00. . . . . „ 00
Tout objet en argent. 1 20

Poudre

La poudre grosse et ordinaire pour les mines, en
  tonneaux ou autres récipients, dont le poids brut
  dépasse 2 kilogrammes . . . . „ 05
Le coton-poudre ou fumi-coton pour mines . . . „ 05
La poudre fine (moscatilla) en pots ou autres récipients et, en général celle qui n'est pas comprise
  dans le paragraphe antérieur . . . . „ 60
Les articles pour feux d'artifice . . . . „ 70

Pierres, matériaux de construction et autres matières premières

Filtres en pierre . . . . „ 02 1/2
Pierres pour lithographie, les pierres à aiguiser et
  la pierre ponce . . . . „ 05
Les pierres de silex . . . . „ 10
Le marbre et le jaspe en carreaux et briques . . „ 01
Le marbre et le jaspe sous forme autre que celle
  de carreaux, briques ou pierres de lithographie. „ 20

Le marbre et le jaspe en poudre, argile ou ciment romain, la chaux, le plâtre brut ou en poudre, le noir animal, le feldspath, la silice, le masticot, le kaolin, l'os en poudre et autres matières premières nécessaires à la fabrication de la faïence ... » 01

Les statues et monuments en marbre ou en jaspe destinés à orner les édifices et places publiques . » 00

Les ardoises pour toitures . . . . » 01

Les tuiles de terre . . . . » 00

Les matériaux de construction tels que pierres brutes, briques et dalles en terre cuite ou en pierre . . . . » 00

La tuile dite tejamanil . . . . » 01

Le plâtre manufacturé dont la forme n'aurait pas encore été spécifiée dans ce tarif . . . . . » 10

Les terres de couleur pour la construction des édifices. . . . . » 05

Les objets en albâtre, quelle que soit la forme. . . » 20

Les creusets pour la fonte . . . . » 05

Divers

Les animaux vivants. . . . . » 00

Le charbon de terre . . . . » 01

Le goudron . . . . » 05

La poix noire employée dans la construction des embarcations. . . . . » 05

La poix-résine rouge. . . . . » 01

La colle ordinaire . . . . » 20

L'étoupe, le fil de carret et le feutre pour emballage. . . . . » 05

Les vernis. . . . . » 20

Les couleurs en poudre ou préparées . . . . . » 20

Les pinceaux ordinaires. . . . . » 20

Les brosses à cheveux et à lustrer les chaussures . » 20

Le cirage pour chaussures. . . . . » 20

La cire noire. . . . . » 05

Les semences, bulbes, boutures et jets de plantes et
les plantes vivantes. . . . . „ 01

Le guano . . . . „ 05

Le houblon . . . . „ 10

Le tabac en feuilles ou découpé pour cigares . . „ 10

Le tabac à chiquer . . . . „ 30

Le tabac manufacturé 1 20

L'os et la corne bruts . . . . „ 05

Les tuyaux et conduits en bois, caoutchouc, terre
ou métal pour pompes, canaux et toits, excepté
ceux pour pompes à incendie . . . . „ 05

Les mèches pour mines . . . . „ 05

Le liége en feuilles ou en bouchons pour bouteilles, etc . . . . „ 10

Les instruments pour laboratoires de chimie et
ceux de météorologie . . . . „ 10

Les boutons ordinaires en os, corne, en bois et en
papier maché, sans étoffe . . . . „ 40

Les boutons ordinaires en nacre . . . . „ 60

Les peignes ordinaires en corne . . . . „ 40

Les ardoises d'écolier et crayons d'ardoises . . . „ 05

Les pierres précieuses 1 20

Les parapluies . . . . „ 80

Les chapeaux, casquettes, bonnets, etc., payeront
comme la matière dont ils sont fabriqués, excepté
les chapeaux de paille dont les droits sont en
général, par kilogramme de 1 peso 20 centavos
et de 60 centavos pour qualité ordinaire . . .

Les objets, quelle que soit leur nature, destinés au
gouvernement. . . . . „ 00

Les bagages qu'emportent et les objets que se font
expédier les ministres et agents diplomatiques
étrangers accrédités auprès du Gouvernement
de la République, et pour autant que ces objets
soient soumis aux formalités douanières et que
les puissances que ces personnes représentent

accordent pareil privilége aux ministres et agents
de la République . . . .   „ 00
Les produits naturels de l'Equateur, des Etats-
Unis du Vénézuela, du Pérou et des autres nations
avec lesquelles il aurait été conclu ou se con-
cluerait des traités stipulant la franchise de
droits réciproque   00
Les bagages des passagers, jusqu'à 150 kilogrammes
par personne; pour autant que les effets composant ces bagages soient à leur propre usage
et soient présentés par les passagers eux-mêmes
à la douane, à leur arrivée sur le territoire de la
République. L'excédant de poids, non accom-
pagné de facture, sera frappé des droits les plus
élevés renseignés dans ce tarif.   00
Tous les objets, qui ne sont pas mentionnés dans
ce tarif payeront, de droits d'entrée. . . . .   1 „

Remarque

Les marchandises introduites par le port de Buenaventura payent 2 p. c. et celles qui entrent par
le port de Tumaco, 8 p. c. de moins de droits
d'entrée.

Marchandises dont l'importation est interdite.

Les règlements, actuellement en vigueur, et qui désignent les
objets dont l'importation est interdite, soit à certains bureaux de
douane, soit dans toute la République, continueront leur effet.

Est absolument interdite l'importation de cannes, parapluies, etc., renfermant un fleuret, un poignard, etc. et constituant
une arme offensive.

Les articles suivants ne peuvent également pas être introduits dans le pays, à moins qu'ils ne soient destinés au Gouvernement :

Les canons, quelle que soit l'espèce ; les mitrailleuses, les rifles

carabines et autres armes de précision; les épées, sabres-bayon-
nettes, sabres et lances de cavalerie; les cartouches, balles,
grenades et autres projectiles propres aux armes à feu indiquées
ci-dessus.

Les rifles, fusils, escopettes et autres armes de guerre, qui ne
sont pas des armes de chasse.

Les cartouchières, baudriers et toutes espèces de pièces d'équi-
pement militaire.

Est de même interdite, l'importation de la fausse monnaie, celle
d'un titre inférieur à 900/00 et les outils servant à fabriquer des
monnaies.

Marchandises dont le transit est interdit

Est interdit le commerce de transit sur le territoire national
de la fausse monnaie, des engins, armes et munitions renseignés
comme étant d'importation interdite, et celui de la nitro-glycé-
rine.

AVIS

*Par une loi postérieure (loi n° 88 du 20 décembre 1886),
le gouvernement colombien a majoré de 25 %, les droits
d'entrée renseignés dans le tarif qui précède.*

*Le produit de cette augmentation est réparti entre les
neuf départements de la République qui, par contre,
renoncent aux droits de transit, de consommation et d'exportation qu'ils percevaient antérieurement.*